GUIDO ERBRICH

MIT KREUZ & WEIHRAUCHFASS

GUIDO ERBRICH

MIT KREUZ & WEIHRAUCHFASS

Fragen & Antworten
für aufgeweckte Ministranten

benno

Bibliografische Information der Deutschen Nationalbibliothek
Die Deutsche Nationalbibliothek verzeichnet diese Publikation
in der Deutschen Nationalbibliografie; detaillierte bibliografische
Daten sind im Internet über http://dnb.d-nb.de abrufbar.

Besuchen Sie uns im Internet:
www.st-benno.de

Gern informieren wir Sie unverbindlich und aktuell auch in unserem Newsletter
zum Verlagsprogramm, zu Neuerscheinungen und Aktionen. Einfach anmelden
unter www.st-benno.de.

ISBN 978-3-7462-3790-9

© St. Benno-Verlag GmbH, Leipzig
Umschlag: Ulrike Vetter, Leipzig
Umschlagbild: © Erich Avermann, Kirchengemeinde St. Dionysius Bissendorf
Gesamtherstellung: Arnold & Domnick, Leipzig (A)

Inhalt

I. Minis in der Historie — **6**

II. Minis in Liturgie und Kirche — **16**

III. Minis in der Welt des Glaubens — **40**

IV. Minis im Kirchenjahr — **60**

Auflösungen der Rätsel — **90**

Quellenverzeichnis — **96**

I. Minis in der Historie

Warum gibt es Ministranten?

Das Wort Ministrant hat die gleiche Herkunft wie das Wort Minister. Es stammt vom lateinischen Wort „ministrare" ab und bedeutet „dienen".

Minister sollen dem Staat dienen, Ministranten dienen im Gottesdienst. Sie helfen dem Priester, übernehmen Aufgaben für die versammelte Gemeinde, und sie dienen Gott, für und mit dem der Gottesdienst gefeiert wird. Ministranten haben eine Geschichte hinter sich, die fast so alt ist wie die Kirche, also 2000 Jahre!

Hatte Jesus schon Ministranten?

Naja, Jesus nicht, aber die ersten Ministranten sind durchaus schon im Neuen Testament zu finden. Dort schreibt Paulus im Brief an die Korinther:

Wenn ihr zusammenkommt, trägt jeder etwas bei: einer einen Psalm, ein anderer eine Lehre, der dritte eine Offenbarung; einer redet in Zungen, ein anderer deutet es. Alles geschehe so, dass es aufbaut. (1 Kor 14,26)

Eine schöne Idee! Jeder trägt zum Gottesdienst das bei, was er kann, und dient Gott auf diese Weise.

Getroffen haben sich die Gemeinden am Sonntag, und schon im zweiten und dritten Jahrhundert hatten sich verschiedene Dienste für den Gottesdienst entwickelt. Die Aufgaben waren dabei etwas anders verteilt als heute: Ein Bischof leitete die Liturgie des Gottesdienstes. Priester tauften die meist erwachsenen Gläubigen und sprachen gemeinsam mit dem Bischof das Hochgebet. Diakone verteilten geweihte Brote, die miteinander geteilt wurden. Dies hieß Agape und ist nicht mit der Kommunion mit geweihten Hostien zu verwechseln. Heute können wir die Agape als gemeinsames Mahl fast nur noch am Gründonnerstag erleben. Die Diakone salbten auch die Kranken. Die Lektoren lasen die biblischen Texte, was sie auch heute noch tun. Und dann gab es die Altardiener, Akolythen wurden sie genannt. Sie brachten die Gaben zum Altar und halfen bei der Eucharistiefeier. Da hätte man sie eigentlich auch schon Ministranten nennen können.

Wie ging das mit den Ministranten dann weiter?

Im Mittelalter wurden die meisten Dienste, die es in der frühen Kirche gab, abgeschafft. Was schade war. Auch machte die lateinische Sprache den „Laien" im Gottesdienst das Mitbeten unmöglich. Nun beteten die Messdiener stellvertretend für die Gemeinde die lateinischen Antworten auf die Rufe des Priesters.

In vielen Kirchen passierte auch baulich eine Trennung. Der Chorraum, wo die Kleriker saßen, wurde Herrenkirche genannt. Die restliche Gemeinde saß in der sogenannten Leutekirche. Vorn feierten Priester und Messdiener die Messe. Hinten, oft sogar durch eine Chorschranke getrennt, betete die Gemeinde im Gottesdienst. Diese Trennung von Priestern und Laien im Gottesdienst führte dazu, dass die meisten Christen im Gottesdienst nur noch passiv beteiligt waren. Einzig die Altardiener blieben die aktiv Mitfeiernden.

Für die Messdiener als Vertreter der Gemeinde im Altarraum gab es eine besondere Ausbildung. Die Jungen (Mädchen durften damals noch nicht ministrieren) wurden in Chorschulen aufgenommen und auf den Dienst in der Messe vorbereitet. Dort konnten sie Rechnen, Schreiben und Latein lernen und wurden in die Liturgie eingeführt. Für viele dieser Chorknaben war der Weg Priester zu werden damit vorgezeichnet. Die Jungen wurden bereits als Kinder auf die Priesterweihe vorbereitete. Und so kam es, dass Ministranten schon früh in den Klerikerstand aufgenommen wurden. Priestermangel gab es keinen. Mädchen durften damals nicht ministrieren, weil der Dienst in der Messe der erste Schritt zum Priestertum war. Somit stellte sich die Frage nach Mädchen am Altar überhaupt nicht.

Und seit wann gibt es den Ministrantendienst, so wie wir ihn kennen?

Das Zweite Vatikanische Konzil, das von 1962 bis 1965 in Rom stattfand, änderte vieles im Gottesdienst, was uns heute normal vorkommt. Die Messe wird seitdem in der jeweiligen Landessprache gefeiert statt in Latein. Der Priester feiert nun zusammen mit der Gemeinde um den Altar herum, statt mit dem Rücken zum Volk zu stehen. Verschiedene Dienste und Rollen für die Gottesdienstfeier wurden wieder neu geschaffen. So wurde auch die Form des Ministrantendienstes neu festgelegt.

Ein Konzil ist eine große Versammlung von Bischöfen, Kardinälen, Theologen und dem Papst, die entscheiden kann, was in der Kirche gemacht wird. Konzilien finden ziemlich selten statt. Dieses Konzil wurde von Papst Johannes XXIII. einberufen. Als ihn Kardinäle fragten, ob dies überhaupt nötig sei, öffnete er das Fenster: und sagte: „Natürlich, um Luft hereinzulassen." Denn auch die Kirche braucht ab und zu frischen Wind.

Wie haben es die Mädchen geschafft, ministrieren zu dürfen?

Seit ungefähr 1970 gibt es auch Ministrantinnen. Zuerst stritt man sich darüber, ob das für Mädchen überhaupt erlaubt sei, und in vielen Orten gab es lange Diskussionen darüber. Natürlich machten die Mädchen den Altardienst von Anfang an genauso gut wie die Jungen.

1992 stellte auch Papst Johannes Paul II. klar, dass Mädchen ministrieren dürfen. Bei ihm wie dann auch bei Papst Benedikt und bei Papst Franziskus verrichten heute Mädchen und Frauen den Dienst mit am Altar. Nach über 1000 Jahren Trennung zwischen „Geistlichen und Laien" wird durch den Dienst von Mädchen und Jungen als Ministranten, Lektoren, Kantoren und Kommunionhelfern wieder klar: Jeder feiert wirklich mit beim großen Fest des Herrn.

Gibt es eigentlich einen Heiligen für die Ministranten?

Na sicher, er heißt Tarcisius und war Akolyth oder Diakon. Er lebte in Rom im 3. Jahrhundert. Der römische Bischof Damasus berichtet, dass er getötet wurde, als er sich weigerte, rumpöbelnden Römern

das eucharistische Brot zu geben. Er sagt zwar nichts über die Todesart, aber der Vergleich mit dem Tod des heiligen Stephanus deutet darauf hin, dass Tarcisius gesteinigt wurde. Um das 7. Jahrhundert schrieb ein unbekannter Autor in einem Buch auch einige Sätze über Tarcisius.

Nach dieser Schrift wurde er am 15. August des Jahres 257 getötet. Das lässt sich heute natürlich nicht mehr kriminaltechnisch überprüfen. Ob Tarcisius während der Christenverfolgungen, die die Kaiser Decius und Valerian anstifteten, oder aufgrund eines hinterhältigen Überfalls getötet wurde, ist unbekannt. Auf jeden Fall ist er ein Märtyrer, also jemand, der seinen Glauben mit dem Leben bezahlte. Sein Grab befindet sich in der Calixtus-Katakombe in Rom. Dargestellt wird er als Diakon mit Palme, Steinen und Hostie. Weil Tarcisius im Dienst für seine Gemeinde starb, gilt er als Schutzpatron der Ministranten. Sein Gedenktag ist am 15. August.

II. Minis in Liturgie und Kirche

Wie startet der Gottesdienst für Ministranten?

Für den Ministranten beginnt der Gottesdienst meist mit der Vorbereitung in der Sakristei: Dinge zurechtlegen, umziehen, kämmen, Liederbuch in die Hand nehmen.
An vielen Orten wird kurz vor Messbeginn ein kurzes Gebet gesprochen, dann beginnt der Priester: „Unsere Hilfe ist im Namen des Herrn", und alle anderen antworten: „Der Himmel und Erde geschaffen hat." Dieser kurze Beginn macht deutlich, was Priester, Lektoren, Musiker und Ministranten im Gottesdienst tun: Sie helfen Gott, zu uns zu kommen – sie sind es nicht selber, die im Mittelpunkt stehen. Für das, was Gott mit uns Menschen vorhat, braucht er Menschen: Und Ministranten gehören dazu.

Was haben Ministranten bis zum Evangelium zu tun?

In Kirchen, wo neben der Sakristei eine kleine Glocke hängt, wird damit kurz der Gottesdienst eingeläutet – da weiß der Organist, dass er anfangen muss, das erste Lied zu spielen. Die Gemeinde steht zur Begrüßung auf und singt mit.
Sind die Einziehenden, meist Priester, Lektoren, Ministranten, am Altar angekommen, machen alle gemeinsam eine Kniebeuge, der Priester küsst den Altar und alle begeben sich an ihre Plätze. Manchmal wird an dieser Stelle Weihrauch gebraucht. Erst zum Tagesgebet ist der Ministrant wieder dran, das Messbuch zu holen und dem Priester zu halten, wenn er das Tagesgebet spricht. Das Tagesgebet kommt normalerweise nach dem Glorialied, außer im Advent und in der Fastenzeit – da wird kein Gloria gesungen, und das Tagesgebet kommt gleich nach der Schuldvergebung.

Im Wortgottesdienst haben die Ministranten meist nichts zu tun. An manchen Orten werden zum Evangelium Kerzen gehalten, und bei besonderen Gottesdiensten wird mit Weihrauch das Evangeliar feierlich beschwenkt.

Wie schafft es der clevere Ministrant, beim Tagesgebet nicht zu spät zu kommen?

Wenn der Priester sagt: „Lasset uns beten" und der Ministrant geht dann erst zum Messbuch, hätte er auch „Lasset uns blättern" sagen können. Besser ist es, kurz vorher loszugehen und das Buch schon in der Hand zu halten. Wenn es dann heißt: „Lasset uns beten", die paar Schritte zum Priester gehen und das geöffnete Buch hinhalten. Geblättert ist dann schon.

In welchem Teil der Messe sind Ministranten am fleißigsten?

Für die Ministranten gibt es in der Eucharistiefeier viel zu tun: Gabengang, Gabenbereitung, Klingeln, Altar abräumen. Zuerst müssen die Gaben geholt werden, dann wird der Altar gedeckt, der Priester nimmt die Gaben und bereitet sie vor. Dazu benötigt er Wein und Wasser. Zum Abschluss wäscht er sich die Hände.

Beim Hochgebet wird geklingelt. Es soll klar sein, jetzt passiert das Entscheidende: die Wandlung von Brot und Wein in Fleisch und Blut Christi.

In vielen Gemeinden bekommen die Ministranten als Vertreter der Gemeinde am Altar als erste die Kommunion. Das ist schon etwas Besonderes!

Nach der Kommunion werden Kelch und Hostienschale gereinigt (purifiziert) und der Altar abgeräumt. Zum Dankgebet benötigt der Priester wieder das Messbuch.

Was mache ich, wenn mir im Gottesdienst schlecht wird?

Manchmal wird Ministranten vom langen Knien oder Stehen schlecht. Das passiert oft beim Hochgebet. Du musst dich hier nicht quälen. Stehe einfach auf, gehe andächtig zur Sakristei und setz dich erst einmal hin. Oder gehe an die frische Luft. Wenn ihr mehrere Minis seid, geht zu zweit. Wenn es dir wieder besser geht, komme ruhig wieder herein, mache eine Kniebeuge vor dem Altar und begib dich an deinen Platz.

Warum wird in der Messe geklingelt?

Das Klingeln kommt aus einer Zeit, in der der Gottesdienst noch in Latein gefeiert wurde. Damit die Gemeinde, die oft kein Latein konnte und nebenbei etwas anderes betete, überhaupt merkte, dass das Wichtigste – die Wandlung – passiert, wurde geläutet. Auch heute, wo jeder den Gottesdienst verstehen kann, gibt es noch diesen schönen Brauch. Klingeln ist ein besonderer Ton im Kirchraum. Stelle bitte die Klingel nicht ab, wenn sie noch klingt, sondern warte, bis der letzte Ton wirklich verklungen ist. Meist vermeint man ihn viel länger zu hören, als er wirklich da ist. Der langsam verschwindende Ton ist ein schönes Zeichen für die Gegenwart und Verborgenheit Gottes.

Wieso ist mit dem Schlusslied noch lange nicht Schluss?

Mancherorts reichen Ministranten das Buch mit den Vermeldungen. Dann wird aus der Kirche ausgezogen, wieder mit Kniebeuge vor dem Altar und dann zurück in die Sakristei.
In manchen Orten schließen die Priester und Ministranten in der Sakristei mit einem kurzen Gebet. Das ist ein schöner Brauch, aber auch dort, wo es ihn nicht gibt, geht der Dienst in anderer Form weiter. Denn wir gehen hinaus in die Welt und müssen als Christen im Alltag Farbe bekennen.
Und das gilt nicht nur für die Ministranten.

Welches Geheimnis steckt hinter dem Weihrauch?

Es gab und gibt heilige und sehr nüchterne Gründe, Weihrauch zu verwenden. Beginnen wir mit den heiligen. In vielen Religionen ist das Weihräuchern wichtig. Wie ein Gebet steigt der Weihrauch zum Himmel auf und verändert und beeinflusst alle, die seinen Duft riechen können. Schon am persischen Hof ließen sich die Herrscher „beweihräuchern". Im römischen Reich standen vor den verschiedenen Tempeln glühende Kohlebecken, in die man beim Vorbeigehen schnell mal ein paar Weihrauchkörner werfen konnte. Als die Kaiser anfingen, diesen Brauch für ihre eigenen Bilder einzufordern, machten die Christen nicht mit. Sie wollten ihr Rauchopfer nur dem einen Gott darbringen und nicht einem sterblichen Kaiser. Dieser Konflikt führte zu den ersten Christenverfolgungen.

Ein viel nüchterner Grund ist die Hygiene. Der starke Duft des Weihrauches überdeckt Gestank und schlechte Gerüche. In Tempeln wurden Tiere geschlachtet, und auch die Menschen wuschen sich damals nicht so oft wie wir heute. Dem Weihrauch wurde auch zugetraut, dass er Krankheiten fernhält und desinfiziert. Die Gründe für Krankheiten waren nicht so gut erforscht, so wird der Duft die meisten Krankheitserreger ziemlich kalt gelassen haben.

Es ist kein Zufall, dass das größte schwenkbare Weihrauchfass der Welt in dem spanischen Wallfahrtsort Santiago de Compostela hängt. Dorthin kommen seit dem Mittelalter Pilger, die Monate zu Fuß unterwegs waren. Viele konnten sich unterwegs nicht allzu häufig waschen. Da war der Weihrauch auch in dieser Hinsicht ein Segen.

Welche Tricks gibt es beim Weihrauch?

Das Schiffchen ist der Weihrauchbehälter mit einem kleinen Löffelchen, um den Weihrauch auf die glühende Kohle zu legen. Die steckt natürlich im Weihrauchfass. Für die Bedienung gibt es in jeder Gemeinde unterschiedliche Bräuche. Lass dir zeigen, wie es bei Euch gemacht wird.

Es gibt ein paar Tricks, die überall funktionieren, wenn du nicht allzu oft putzen willst. Lass den Deckel des Weihrauchfasses immer ein wenig offen, sonst setzt sich zu viel Schmiere am Metall ab. Warte nicht zu lange, bis du die Kohle aus dem Weihrauchfass herausnimmst, sonst hast du eine ziemlich verklebte Masse im Fass. Und pass auf: So ein Weihrauchfass kann innen und außen ganz schön heiß werden!

Was haben die Ministrantengewänder mit der Priesterkleidung gemeinsam?

Lange Zeit trugen Priester in unseren Breiten tagsüber ein langes schwarzes Gewand: den Talar (lat. talaris = knöchellang). In manchen Gegenden der Welt ist er heute noch üblich. Der Talar war für Kleriker die Alltagskleidung! Gingen sie dann zum Beten in die Kirche, zogen sie sich nicht komplett um, sondern zogen über ihren Talar einfach eine weiße abgeschnittene Albe. Das hieß dann „Chorrock". Daraus entstand die Ministrantenkleidung.
Meist täuscht sie trickreich einen ganzen Talar vor, besteht aber aus Rock und einem bunten Kragen. Hängt der Chorrock darüber, sieht es von außen aus wie ein ganzer Talar. Populär ist heute auch eine andere Kleidungsform für Ministranten: ein helles Gewand, das wie eine Albe angezogen wird und einen farbigen Strick als Gürtel bekommt.

Welche Farbe ist denn heute?

Das ist die typischste Sakristeifrage, schließlich wollen Minis ja in die richtigen Gewänder schlüpfen. Farben machen es uns leicht, die Zeit im Kirchenjahr zu erkennen. Wenn beim Gottesdienst Schwarz und Violett dran sind, wird sicherlich nicht Erstkommunion gefeiert. Dabei spielten am Anfang der Kirchengeschichte Farben keine besondere Rolle. Aber als das Christentum im Jahr 391 im Römischen Reich Staatsreligion wurde, kam für Kleriker, die nun Staatsbeamte wurden, eine Kleiderordnung auf. Hier gab es zwar noch keine Regel, welche Farbe wo ins Kirchenjahr gehört. Doch langsam wurden farbliche Unterschiede wichtig. Mit verschiedenen Purpurtönen wurde die Position des Klerikers, der im Gewand steckte, gezeigt.

Im 9. Jahrhundert, unter Kaiser Karl dem Großen, änderte sich das. Nun wurde begonnen, verschiedene Farben im Kirchenjahr zu verwenden. Das war je nach Region unterschiedlich. Im deutschen Sprachraum wurde Rot als Festfarbe gewählt. Weiß war dagegen in Rom die Farbe für die Feste. 1570 wurden im Konzil von Trient die Farben dem römischen Ritus angepasst. Trotzdem änderte sich das nicht an allen Orten. Das Zweite Vatikanische Konzil, das von 1962 bis 1965 in Rom stattfand, legte nur noch fünf liturgische Farben für die Gewänder fest: Weiß, Rot, Grün, Violett und Schwarz. Ein Konzil ist eine große Versammlung der Bischöfe mit dem Papst. Viele wichtige Regeln der Kirche wurden auf Konzilien beschlossen und so natürlich auch die Festlegung der Farben.

Was bedeuten die Farben und wieso ist rosa violett?

Schauen wir uns die Farben an. An ihnen kannst du erkennen, was gerade gefeiert wird. Die Farben des Kirchenjahres finden sich auf den Priester- und Ministrantengewändern, auf Stolen, Deckchen, Decken, Tüchern und vielem mehr.

Weiß bedeutet Freude, Friede, Licht, Vollkommenheit, Unschuld und ist das farbliche Symbol für Christus. Um sein langes weises Gewand würfelten die römischen Soldaten bei der Kreuzigung. Weiß wird an den Hochfesten der Weihnachts- und Osterzeit sowie bei den Festen getragen, die besonders Christus gewidmet sind.

Rot gilt als die Farbe für die Liebe und das Leben, für Blut und Feuer und Heiligen Geist. Rot wird Palmsonntag, Karfreitag, Pfingsten, zu Märtyrerfesten und bei der Firmung getragen und ist die Farbe der meisten Ministrantentalare für die Festzeiten.

Grün steht für Hoffnung, Leben, Natur und Schöpfung. An allen Tagen im Jahreskreis ist Grün an der Reihe, wenn es nicht besondere Feiertage sind. Denn die Hoffnung soll uns durch den Alltag begleiten.

Violett, die Farbe der Umkehr, Buße und Besinnung, wird in der Fastenzeit und im Advent getragen. Ebenso bei Buß- und Beichtgottesdiensten, zu Totenmessen und bei Beerdigungen.

Rosa gilt als helle Form von Violett und ist keine eigene liturgische Farbe. Es wird nur zweimal im Jahr angelegt: am 3. Sonntag im Advent (Gaudete, lat. „Freuet euch") und am 4. Fastensonntag (Laetare, lat. „Freue dich"). Trotzdem gibt es rosa Minigewänder oder Messgewänder in vielen Sakristeischränken überhaupt nicht. Dort wird stattdessen Violett getragen.

Schwarz ist die Farbe der Trauer und des Todes, aber auch von vornehmer Festkleidung. Sie wird zur Beerdigung getragen oder als feierliches Gewand für große Ministranten und Lektoren, dann meist mit weißem Chorhemd/Rochet. Oft wird statt Schwarz auch Violett genommen.

Manchmal gibt es noch Gold und Silber für besonders festliche Anlässe und Blau für Marienfeste. Die gelten aber nicht als liturgische Farben.

Eine fehlerhafte Messe

In die folgenden Texte, die alle in der Messe gesprochen werden, haben sich einige Fehler eingeschlichen. Findest du sie?

1. Der Segen Gottes sei allezeit mit euch. – Und mit deinem Geiste.
2. Herr, erbarme dich. Christus, erbarme dich. Jesus, erbarme dich.
3. Gebt einander ein Zeichen der Liebe.
4. Wir bitten dich, hör auf uns.
5. Geheiligt seist du, Gott, Herr aller Mächte und Gewalten …
6. Deinen Tod, o Herr, verkünden wir, und deine Auferstehung preisen wir, bis du kommst in Ewigkeit.
7. Lamm Gottes, du nimmst hinweg die Fehler der Welt.
8. Herr, ich bin nicht würdig, dass du eingehst in mein Haus, aber sprich nur ein Wort, so wird meine Schwester gesund.
9. Gehet hin in Freude. – Dank sei Gott, dem Herrn.
10. Erhebet die Hände. – Wir haben sie beim Herrn.
11. Ich gestehe Gott, dem Allmächtigen, und allen Brüdern und Schwestern, dass ich Gutes unterlassen und Böses getan habe.
12. Nehmet und esset alle davon: Das ist das Brot, das für euch hingegeben wird.
13. Vater unser im Himmel, gepriesen werde dein Name …

Füllrätsel

Wenn du die gesuchten Begriffe richtig eingetragen hast, ergeben die markierten Buchstaben eine Bezeichnung für das gemeinsame liturgische Gehen.

1. Rede des Priesters, in der er z. B. das Evangelium erklärt.
2. Schrank, in dem die geweihten Hostien aufbewahrt werden.
3. Ort, von dem aus die Lesung und das Evangelium vorgetragen werden.
4. Reich verziertes Gefäß, in dem die Hostie gezeigt wird.
5. Hebräisches Wort, das übersetzt „So sei es" bedeutet.
6. Raum, in dem die liturgischen Gewänder und Geräte aufbewahrt werden.
7. Beginn des Gebetes, das Jesus seine Jünger gelehrt hat.
8. Name für den Hauptteil der Messe.
9. Gebet, das auf Deutsch beginnt mit „Ehre sei Gott in der Höhe".
10. Buch, in dem die Evangelien stehen.

Liturgie-Quiz

Kreuze die richtige Antwort an; aber Achtung: Es können auch mehrere Antworten richtig sein!

Aus welchen Zutaten dürfen Hostien nur bestehen?
- a) Wasser, Mehl
- b) Wasser, Mehl, Salz
- c) Milch, Mehl

Was versteht man unter dem „Exsultet"?
- a) Allerheiligenlitanei
- b) Osterlob
- c) Antwortgesang

Welche Sprache war vor dem Zweiten Vatikanischen Konzil in der Liturgie vorherrschend?
- a) Hebräisch
- b) Griechisch
- c) Latein

Was für ein Tag ist der 15. August?
- a) Gedenktag des hl. Tarcisius
- b) Hochfest der Aufnahme Mariens in den Himmel
- c) Dreifaltigkeitsfest

Wie wird die Hl. Messe noch genannt?
- a) Eucharistie
- b) Mahl des Herrn
- c) Gedächtnis des Leidens und der Auferstehung des Herrn

Wo kann man nachschlagen, welche liturgischen Texte an der Reihe sind?
- a) Benediktionale
- b) Evangeliar
- c) Direktorium

Wann wird während der Messe geläutet?
- a) Evangelium
- b) Wandlung
- c) Gabenbereitung

Welche Handlung kommt im Gottesdienstablauf zuerst?
- a) Halten des Tuches bei der Händewaschung
- b) Halten der Kerzen beim Evangelium
- c) Halten des Buches beim Tagesgebet

Wie kam die Orgel in die Kirche?

Von Jesu Jüngern hat keiner Orgel gespielt. Obwohl es da schon Orgeln gab! Bereits bei den Römern war die Orgel ein Zirkusinstrument, das bei den verschiedenen oft brutalen Darbietungen erklang. Die ersten Christen wären schon allein deswegen nie auf den Gedanken gekommen, so etwas in ihre Kirchen zu stellen. Ihren Siegeszug begann die Orgel zaghaft im Jahr 757, als eine byzantinische Gesandtschaft dem Frankenkönig Pippin eine Orgel als Geschenk mitbrachte. Als 50 Jahre später wieder Besuch aus Byzanz kam, gab es die zweite Orgel. Das muss Kaiser Ludwig dem Frommen so gefallen haben, dass er 826 eine Orgel für seine Pfalz in Aachen anfertigen ließ. Bald darauf begann man, auch für Kirchen Orgeln anzuschaffen. Seither hat sie sich als kirchliches Hauptinstrument durchgesetzt. Aber es darf natürlich auch anderes Instrumentarium in der Kirche erklingen. Plugged oder unplugged.

Kann man im Gottesdienst auch Schlagzeug spielen?

Kirchenmusik im besten Sinne des Wortes ist für alle Stilarten offen: Gregorianik oder Jazz, Bach oder Blues, soft oder heavy. Entscheidend ist doch, ob die Musik uns Menschen für Gott öffnet. Ob sie Fragen Raum gibt, Hoffnung ausdrückt, für Lob und Dank Platz hat und unsere Seele berührt. Da ist dann in Gemeinden auch mal gegenseitige Rücksichtnahme gefragt, denn nicht jeder kommt mit jeder Musik und jeder Lautstärke zurecht. Da hilft auch Verständnis: das eigene und das der anderen. Dann können E-Gitarren neben Orgeln klingen, Drums zusammen mit Geigen, Flöten, Saxophone und Bässe. Alles, was atmet, lobe den Herrn. Gott wird's freuen.

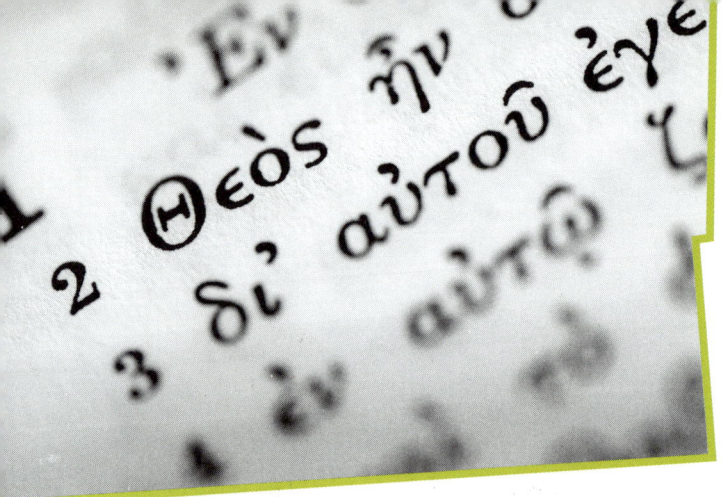

Warum wird „Kyrie" gesungen?

Die Sprachen in der Kirche sind bunt gemischt. Das ist sogar im Gottesdienst so. Neben der Muttersprache sind das Latein, Griechisch und Hebräisch. Zur Zeit Jesu war Griechisch sehr populär. Das Neue Testament ist auch in dieser Sprache geschrieben. Und so finden wir auch heute eine Reihe griechischer Begriffe im Gottesdienst. Die wichtigsten findest du hier:

Eucharistie – Danksagung

Kyrie eleison – Herr, erbarme dich

Evangelium – Frohe Botschaft

Psalm – Gesang (150 Psalmen stehen im Alten Testament, in der Messe werden meist Ausschnitte daraus als Zwischengesang gesungen.)

Epistel – Brief (So wird die Lesung genannt, wenn sie aus einem Apostelbrief stammt.)

Warum sagen wir „Gloria" und „Credo"?

Latein war jahrhundertelang die Gottesdienstsprache. Manche Christen dachten wahrscheinlich, dass Gott am liebsten Latein hört. Dabei vergaßen sie wohl, dass sein Sohn Aramäisch sprach und dass die Bibel auf Hebräisch und Griechisch geschrieben wurde. Trotzdem war die Einführung des Lateins sehr sinnvoll. Es war die Amtssprache im Römischen Reich, viele Völker konnten sich mit ihrer Hilfe glänzend verständigen, und so kannte auch die Verkündigung keine Grenzen mehr. Latein ist feierlich und schön, aber keine bessere Sprache als andere, die Gott genauso gerne hören wird. Hier findest du einige lateinische Gottesdienstbegriffe mit Übersetzung:

Offertorium – Eröffnung

Gloria – Ruhm, Ehre (sei Gott). – Das sangen die Engel, als sie die Geburt Jesu verkündeten.

Homilie – Predigt, Schriftauslegung

Credo in unum Deum. – Ich glaube an den einen Gott. – So beginnt das Glaubensbekenntnis.

Präfation – Einleitungsformel, Gebet vor dem Sanctus

Sanctus – heilig, Lobgesang

Pater noster – Vater unser

Agnus Dei – Lamm Gottes

Kommunion – (Mahl-)Gemeinschaft

Warum singen wir „Halleluja"?

Es wird von Fans im Stadion gesungen und tönt aus dem Radio. Viele Menschen wären wahrscheinlich überrascht, wenn sie wüssten, was die da singen oder hören. Halleluja gehört zu den wichtigsten hebräischen Worten, die sich weltweit im Gottesdienst von Juden und Christen durchgesetzt haben.

Hebräisch sieht es so aus: הַיְולְלָה und wird von rechts nach links gelesen. Eigentlich sind es zwei Worte: Hallelu und Jah, das heißt Lobpreiset Gott! Da es auch gesungen gut klingt, ist es das wahrscheinlich am häufigsten gesungene Wort in der Musik weltweit. In der Fastenzeit wird es nicht gesprochen und gesungen. Dafür werden dann zu Ostern alle Register gezogen, dass es richtig braust. Halleluja, lobet Gott, denn Christus ist auferstanden! Der Tod ist besiegt, und das ist das Großartigste, was es gibt. Halleluja!

Wie kam das „Amen" in die Kirche?

Das Wort „Amen" kommt aus dem Hebräischen (da sieht es geschrieben so aus: אָמֵן) und hat sich weltweit verbreitet. Beispiele gefällig? griechisch αμήν, und arabaisch آمين Amen steht schon in der Bibel. Es ist ein Wort, das vorher Gesagtes bekräftigt und abschließt. Es gilt für die Vergangenheit, die Gegenwart und die Zukunft. Solche Worte gibt es in Deutsch nicht. Wir könnten es so übersetzen: „Ja so ist es geschehen! Ja, so ist es! Ja so soll es sein!". Das „Amen" wurde sogar vom Islam übernommen und so wird dieses Wort von Juden, Muslimen und Christen in ihren Gottesdiensten verwendet. Der schöne Spruch „wie das Amen in der Kirche", heißt dann bei anderen Menschen vielleicht: „wie das Amen in der Synagoge" oder „wie das Amen in der Moschee".

Gibt es einen Unterschied zwischen Spirituals und Gospels?

Mit Spirituals sind die Lieder gemeint, die in den Zeiten der Sklaverei im Norden Amerikas entstanden. Ihre Herkunft ist oft nicht bekannt, ebenso wenig die oft genialen Autoren. Wie beim Volkslied gibt es verschiedene Variationen und Textversionen. Als ältestes Spiritual gilt »Swing low, sweet chariot«. Zu den bekanntesten gehören: „Go down Moses", „Wade in the water", „Kumbayah" und „Amen". Die meisten Spirituals, was übersetzt „geistliche Gesänge" heißt, benutzen Texte und Bilder aus dem Alten Testament. Oft wird darin von Befreiung gesungen. Dabei waren die Spirituals auch eine Geheimsprache, die neben dem gesungenen Gebet auch konkrete Fluchthilfen anboten. Kein Wunder, denn die Sehnsucht nach Freiheit war groß. Die Spirituals zeigen ihre Wirkung bis heute, denn Freiheit ist für die meisten Menschen immer noch eine unerfüllte Hoffnung.

Gospelsongs berichten natürlich auch von der guten Nachricht, dem Evangelium, nach dem diese Musik benannt ist. Aber im Unterschied zu den Spirituals sind die Autoren und Komponisten der Gospelmusik bekannt. Gospelmusiker und Komponisten gibt es weltweit, alljährlich werden hunderte neue Stücke komponiert. Es gibt regelrechte Hitlisten und eine Menge Interpreten. Die Texte erzählen vom Leben mit Gott, seiner Güte, seiner Liebe. Sie preisen und loben ihn. Als bekanntester Gospelsong gilt „O happy day" von Edwin Hawkins.

Kirchenmusik-Quiz

Wie heißt der Film, in dem eine Nonne den Chor eines Klosters aufmischt?
- a) Vier Fäuste für ein Halleluja
- b) Sister Act
- c) Der Gesang der Nonnen

Wo wurden die ersten Orgeln gespielt?
- a) im Tempel in Jerusalem
- b) im römischen Zirkus
- c) in Kirchen des 7. Jahrhunderts

Wie heißt die Heilige der Kirchenmusik?
- a) Cäcilia
- b) Laurentia
- c) Madonna

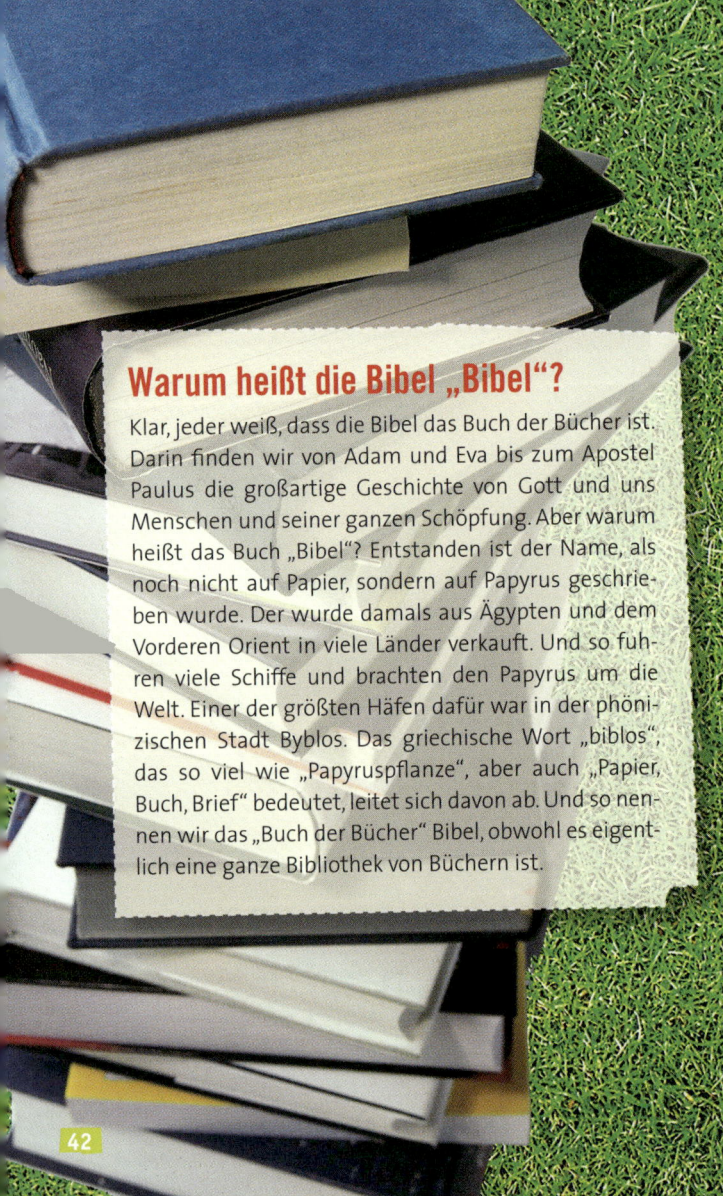

Warum heißt die Bibel „Bibel"?

Klar, jeder weiß, dass die Bibel das Buch der Bücher ist. Darin finden wir von Adam und Eva bis zum Apostel Paulus die großartige Geschichte von Gott und uns Menschen und seiner ganzen Schöpfung. Aber warum heißt das Buch „Bibel"? Entstanden ist der Name, als noch nicht auf Papier, sondern auf Papyrus geschrieben wurde. Der wurde damals aus Ägypten und dem Vorderen Orient in viele Länder verkauft. Und so fuhren viele Schiffe und brachten den Papyrus um die Welt. Einer der größten Häfen dafür war in der phönizischen Stadt Byblos. Das griechische Wort „biblos", das so viel wie „Papyruspflanze", aber auch „Papier, Buch, Brief" bedeutet, leitet sich davon ab. Und so nennen wir das „Buch der Bücher" Bibel, obwohl es eigentlich eine ganze Bibliothek von Büchern ist.

Können Propheten wahrsagen?

Oft werden Propheten mit Wahrsagern verwechselt, obwohl es da einen großen Unterschied gibt. Propheten lesen niemandem aus der Hand, können nicht aus Kaffeesatz erkennen, wie das Wetter nächste Woche wird, und sind meistens ziemlich unbeliebt, weil sie niemandem nach dem Mund reden. Propheten versuchen, die Zeichen der Zeit zu deuten, um dabei auch zu erkennen, was die Zukunft bringen kann. Häufig mahnen sie dann die Mächtigen und nehmen dabei kein Blatt vor den Mund. Damit handeln sie sich nicht selten großen Ärger ein. Propheten sind wichtig, weil sie versuchen, den Überblick zu behalten und auch daran zu denken, wo in allem menschlichen Tun noch Gottes Wille vorkommt. Propheten sind Männer und Frauen, die es deutlich sagen, wenn Ungerechtigkeit, Lüge und Gier anderen das Leben unmöglich machen.

Wie fromm sind die Psalmen?

In der Bibel gibt es ein ganzes Buch mit Psalmen. Genau 150 sind darin aufgeschrieben. Oft wird König David als Verfasser genannt, aber so sicher ist das nicht. „Psalm" ist hebräisch und heißt eigentlich „Lied". In diesen Liedern, die zu den schönsten Gebeten der Welt gehören, wird in einer sehr deutlichen Sprache zu Gott gesprochen. Das ganze Leben wird darin vor Gott gebracht. Von Angst und Furcht ist genauso die Rede wie von Mut und Stärke. Von Hass und Neid wird gesungen, aber auch von Liebe und Freude. Es gibt Psalmen, die Gott loben, und es gibt Psalmen, die Gott anklagen und fragen, warum er so viel Leid auf der Welt zulässt. Im Stundengebet, das unzählige Menschen rund um den Globus Tag für Tag beten, stehen viele Psalmen. So wurden und werden die Psalmen durch alle Zeiten hindurch von Milliarden von Menschen gebetet. Wahrscheinlich, weil diese Gebete sehr ehrlich mit Gott sind und von allen Erfahrungen sprechen, die ein Mensch im Leben machen kann.

Wer sind die Eltern und Geschwister der Tochter Zion?

Das ist eine beliebte Frage. Testet doch mal ein paar Erwachsene! Wer euch antwortet, dass Jerusalem mit der Tochter Zion gemeint ist, hat die richtige Antwort gewusst. Jerusalem liegt auf dem Zionsberg. Als König David die Stadt eroberte, standen zuerst die Bundeslade und das heilige Zelt auf dem Zion. Später ließ König Salomo auf dem Zion den Tempel errichten. So wurde der Berg zum geistlichen Zentrum Israels. Da ist es klar, dass die Stadt um den Tempel herum sich Gott verdankt, also seine Schöpfung, seine Tochter ist. Und in der Bibel benimmt sich die „Tochter Zion" manchmal wirklich wie ein Kind. Sie trotzt Gott und macht genau das Gegenteil von dem, was er will. Dann wieder ist sie ein Vorbild im Glauben. Na gut, die Stadt wird das ohne die Menschen, die in ihr wohnen, so nicht gemacht haben. Aber Jerusalem soll sich freuen, wenn der Messias kommt, denn er ist ihr König. Darum heißt es in einem schönen Lied: „Tochter Zion, freue dich, jauchze laut, Jerusalem!"

Wer waren Simeon und Hannah?

Über die beiden steht nicht sehr viel in der Bibel. Gerade mal, dass Simeon ein frommer und gerechter Mann war und Hannah eine Witwe, die Gott Tag und Nacht im Tempel diente. Nein, sie sind nicht so berühmt wie die Hirten und die Weisen an der Krippe. Aber die beiden alten Leute Simeon und Hannah verbindet eine Menge mit den Menschen, die staunend zur Krippe kamen. Sie sind die ersten, von denen berichtet wird, dass Jesus zu ihnen kommt. Und zwar als kleines Baby, das im Tempel beschnitten werden soll. Das ist für die beiden Alten im Tempel eine Riesenfreude. Simeon wurde vom Heiligen Geist offenbart, dass er nicht eher sterben werde, bis er den Messias gesehen habe. Er nimmt das Kind freudig in die Arme und spricht eines der schönsten Gebete, die in der Bibel stehen. Zum Abschluss segnet er die ganze Familie und sieht voraus, dass Jesu Leben alles andere als leicht sein wird. Hannah kommt hinzu, preist Gott und erzählt allen, die auf die Erlösung Israels warten, von dem Kind, das die Welt retten wird. Mehr schreibt die Bibel nicht über die beiden – und trotzdem ist das eine ganze Menge. Denn wer mit offenen Augen Gott in dieser Welt sucht, wer sich nicht wundert, dass er Gott in einem kleinen Kind finden kann, der ist offen für die Überraschungen des Himmels.

Warum finde ich Kaspar, Melchior und Balthasar in keiner Bibel?

Eigenartig, in der Bibel sind die drei Könige nicht zu finden. Alles Schwindel? Wahr ist: die Bibel berichtet nicht von Königen, sondern von Weisen. Sie verrät nicht, wie viele es waren, und nennt keine Namen. Alle kommen aus einem Land! In der Bibel steht kein historischer Bericht. Trotzdem hat es die Neugier der Menschen angestachelt: Wer waren die Weisen, wo kamen sie her? Wieso erkennt sein Volk den neugeborenen König nicht? Hier liegt der Schlüssel der Geschichte. Die Weisen aus den fernen Ländern haben den Blick frei für den Messias. Sie folgen ihrem Stern und vertrauen darauf, dass der Weg sich lohnt. So kommen sie zum Kind in der Krippe. Erst später sind aus den Weisen die drei Könige Kaspar, Melchior und Balthasar geworden. Auf die Zahl Drei kam man durch die drei Geschenke, die sie mitbrachten: Gold, Weihrauch und Myrrhe. Die drei Weisen wurden nie von einem Papst heiliggesprochen. Heute ziehen viele Kinder als Sternsinger von Haus zu Haus und sammeln für Kinder in der ganzen Welt. Ganz schön weise!

Kann mir der Glaube im Alltag helfen?

In einer Kirche in New Orleans hing lange Zeit ein Plakat. Darauf stand: „Wenn du Gott hier suchst und hast ihn draußen auf der Straße nicht getroffen, wirst du ihm hier auch nicht begegnen." Gottesbegegnungen können überall stattfinden. Und unser Glaube sollte auch daran erkannt werden, wie wir leben. Macht uns der Glaube Mut, gegen Ungerechtigkeit und Dummheit etwas zu sagen? Gibt uns unser Glaube Kraft, anderen Menschen zu helfen und vor der Not in der Welt nicht die Augen zu verschließen? Trauen wir uns mit unserem Glauben, etwas gegen Unmenschlichkeit zu sagen und zu tun? Gelebter Glaube ist nicht leicht, aber wenn unser Glaube lebendig ist, wird er sich mit der Welt, so wie sie ist, nicht zufriedengeben. Denn unser Glaube will die Welt verwandeln.

Wie kann ich richtig glauben?

Es ist eine Versuchung, den Glauben als Tauschgeschäft mit Gott zu verstehen. Etwa so: „Ich glaube an dich, gehe halbwegs regelmäßig in die Kirche und spende ab und an eine Kleinigkeit. Und du, lieber Gott, lässt mich dafür dann sicher in den Himmel?" Manchmal stellen wir uns Gott wohl zu sehr wie einen Menschen vor, der sich freut und ärgert und sich um den Finger wickeln lässt. Aber das ist zu einfach. Kann man „richtig glauben" lernen? Schon die ersten Christen haben nach Formen für ihren Glauben gesucht. Solche Formen sind die Art, wie wir Gottesdienst feiern, wie wir beten und unseren Glauben bekennen. Diese Formen kannst du selbst mit Leben füllen.

Was ist, wenn ich Zweifel habe?

Glauben ist eine schwierige Sache. Es gibt keinen wirklich überzeugenden Beweis. „Die einen glauben, dass sie glauben, die anderen glauben, dass sie nicht glauben", hat der polnische Autor Stanislaw Jerzy Lec einmal augenzwinkernd bemerkt. Und damit hat er recht. Ob es Gott gibt oder nicht, ist eine Glaubensfrage. Damit unterscheidet sich der Glauben in keiner Weise von der Liebe. Liebe lässt sich ebenso wenig beweisen. Ich muss darauf vertrauen, dass ich geliebt werde. Der Glaube an Jesus Christus ist genauso eine Beziehung. Ich kann sie erleben, ich kann aus ihr Kraft schöpfen und daran wachsen. Wie bei einem geliebten Menschen. Die anderen merken es mir an, wie verliebt ich bin. Und in diese Beziehung passt die ganze Welt.

Was zeigen die verschiedenen Haltungen im Gottesdienst?

Ist uns anzusehen, dass Gott durch dick und dünn mit uns geht? Im Gottesdienst können wir stehend, sitzend, kniend und gehend deutlich zeigen, was für ein großartiges Verhältnis Gott zu uns hat.

Stehen: Gott gegenüber zu stehen heißt, „Ja" dazu zu sagen, sein Ebenbild zu sein. Ebenbild heißt auch, mitmachen zu dürfen, unsere Welt besser, gerechter und friedlicher zu gestalten.

Sitzen: Wer sitzt, kann sich auf eine Sache besonders konzentrieren und gut zuhören. Sitzen ist keine Zeit zum Abschalten, sondern zum „Voll-da-Sein".

Knien: In unserer Beziehung zu Gott soll Knien Dank und Verehrung ausdrücken. Gott ist aber niemand, der uns in die Knie zwingen will. Im Gegenteil, er will uns seine Freiheit geben. Diese Freiheit ist ein Geschenk, und dafür kann ich auch mal staunend und dankend auf die Knie fallen.

Was ist ein Sakrament?

Das Wort Sakrament kommt aus dem Lateinischen und bedeutet: unverbrüchliche Besiegelung. Das heißt, dass wir uns voll uns ganz auf Christus verlassen können. Christus wird von den Theologen auch das „Ur-Sakrament" genannt, denn Gott zeigt uns durch ihn seine Liebe. Damit wir diese Liebe Gottes spüren und erleben können, feiern wir die Sakramente.

Sieben davon gibt es in der katholischen Kirche: Taufe, Firmung, Buße, Kommunion, Krankensalbung, Ehe, Priesterweihe. Diese Sakramente begleiten uns durch das Leben bis zum Tod. Sie stehen oft an entscheidenden Kreuzungen unseres Lebensweges. In unserem Leben vertrauen wir darauf, dass Gott mit uns auf dem Weg ist und uns stärkt. Die Sakramente feiern wir als Begegnungen mit Gott. Und nirgendwo steht geschrieben, dass dieses Feiern mit Gott keine Freude machen soll.

Warum gehören Taufe und Firmung zusammen?

Kaum zu glauben, dass beides zusammengehört – aber es ist so! Die meisten Christen werden heute als kleine Kinder getauft, in einem Alter, wo die Eltern sich für ihr Kind die Taufe wünschen. Das war nicht immer so. In der frühen Kirche wurden nur Erwachsene getauft. Erst später kam die Kindertaufe in Mode. So schön die Kindertaufe ist, die kleinen Täuflinge wissen gar nicht so recht, was da Entscheidendes mit ihnen bei der Taufe passiert.

Ganz anders kann sich da ein junger Mensch entscheiden, wenn er – meist an der Schwelle zum Erwachsenwerden – gefirmt wird. Hier kann und soll jeder selbst „Ja" zum Glauben sagen. Jetzt ganz bewusst. Deswegen darfst du dir bei der Firmung einen besonderen Namen aussuchen und einen Firmpaten erwählen. Zum einzigen Mal im Leben gibt sich ein Mensch selber einen Namen. Oft ist dies der Name einer beeindruckenden Person, deren Leben so war, wie man selbst leben möchte. Und ein Pate ist dazu da, den Lebensweg zu begleiten. Deswegen sollte dafür jemand ausgesucht werden, der auch etwas zu sagen hat und durch dick und dünn mitgeht.

Dass nach der Firmung gemeinsam gefeiert wird, versteht sich von selbst. Denn es gibt allen Grund zu feiern, wenn ein junger Mensch sich für Gott entscheidet und nachträglich Ja zu seiner Taufe sagt.

Ist die Hostie normales Brot?

Zugegeben, wie Brot sehen die Hostien nicht aus. Der Inhalt stimmt trotzdem: Mehl und Wasser.

Brot und Wein waren in der Zeit Jesu die Grundnahrungsmittel in Israel. Etwas, was jeder Mensch täglich zum Leben brauchte. Brot und Wein als Leib und Blut Christi zeigen auch: Gott ist für unser Leben notwendig. „Eucharistie" (griech.) heißt übersetzt „Danksagung". Dabei glauben wir, dass Gott in Brot und Wein wirklich anwesend ist, so, wie Jesus es beim letzten Abendmahl in Jerusalem versprochen hat.

Die größten Unterschiede zwischen den Kirchen sind aus der unterschiedlichen Sicht entstanden, wie das Abendmahl zu verstehen ist. Für manche Christen ist es ein Erinnerungsmahl, für andere ist Gott nur während der Feier des Abendmahls in Brot und Wein anwesend. Wir Katholiken glauben, dass das Brot, das einmal während der Messe gewandelt wurde, für immer Christi Leib bleibt. In der Kommunion erleben wir die Gegenwart Gottes. Deshalb ist sie so wichtig.

Warum soll ich beichten?

Buße: Welch finsterer Klang liegt in diesem Wort. Dabei ist Vergebung etwas Schönes. Jeder Mensch macht etwas falsch. Ihm tun Dinge leid, die er getan oder gesagt hat. Die österliche Bußzeit, wie die Fastenzeit auch genannt wird, lädt dich zu einer Frage ein: Wo kann ich mich ändern, wo kann ich ein wenig besser werden, als ich bin? Es ist eine gute Tradition, vor Ostern zu beichten. Versuch's! Beichte aber nicht, um zu zeigen, was du wieder alles falsch gemacht hast. Nein, beichte, damit Gott dir die Kraft gibt, es besser zu machen. Die Beichte ist der Ort, wo du zu dem stehen kannst, was du getan hast – und dazu gehört auch das, was richtig gut geworden ist. Also erzähle auch von deinen starken Seiten! Und in der Beichte sollst du natürlich auch das bekennen, was schief gegangen ist. Aus Fehlern kannst du lernen. Gott versteht dich und vergibt dir, damit du neu durchstarten und den richtigen Weg finden kannst.

Was bedeutet die Krankensalbung?

Jesus hat Kranke geheilt und auch seinen Jüngern gesagt, dass sie Kranke heilen und salben sollen. Wer krank ist, braucht zum einen Medizin und einen guten Arzt, aber mindestens genauso wichtig sind die Hilfe und der Zuspruch der Mitmenschen. Die Krankensalbung soll dem Kranken Mut machen, die Krankheit zu tragen und, wenn es geht, wieder gesund zu werden. Es gibt aber auch Krankheiten, die zum Tode führen. Dann ist die Krankensalbung Wegzehrung auf dem Weg zu Gott.

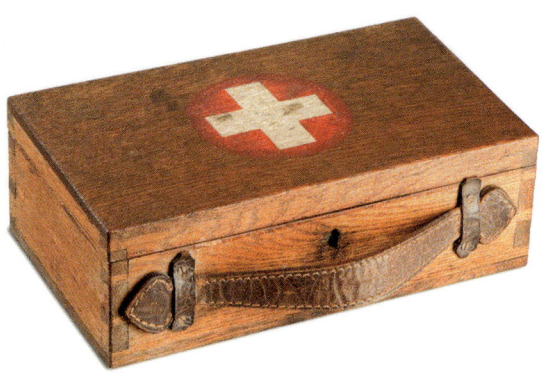

Was haben Ehe und Priesterweihe gemeinsam?

In diesen zwei Sakramenten entscheiden sich Menschen für eine bestimmte Lebensform
Frau und Mann versprechen sich für ein ganzes Leben die Treue. Als Zeichen dafür tauschen sie Ringe aus und geben sich nach dem feierlichen „Ja" am Traualtar einen Kuss. Sie versprechen auch, dass sie Kinder bekommen möchten und diese dann im Glauben zu erziehen. Der Priester hat beim Ehesakrament nicht viel zu tun. Denn dieses Sakrament spenden sich die Eheleute vor Gott gegenseitig.
Viele Jahre müssen junge Männer Theologie studieren, bis sie der Bischof zu Priestern weiht. Da die Priester der römisch-katholischen Kirche nicht heiraten dürfen, ist es auch die Entscheidung zum ehelosen Leben. Priester dürfen alle Sakramente spenden und viele werden in Gemeinden als Seelsorger arbeiten.

Buchstabengitter

In diesem Buchstabengitter sind 10 biblische Bücher versteckt. Du kannst sie senkrecht und waagerecht finden.

J	F	L	I	R	B	A	U	P	O
E	G	N	K	O	H	E	L	E	T
S	A	M	U	E	L	M	U	R	O
A	S	W	K	P	Q	E	K	D	B
J	C	N	G	H	A	P	A	J	I
A	G	E	N	E	S	I	S	X	T
E	I	H	L	S	O	W	E	Z	G
F	J	E	R	E	M	I	A	T	L
U	H	M	P	R	O	F	R	E	B
O	R	I	L	Z	W	A	L	A	G
P	S	A	L	M	E	N	P	S	D

Glaubenswissens-Quiz

In welchem Evangelium wird nicht von der Geburt Jesu erzählt?
  a) Matthäusevangelium
  b) Markusevangelium
  c) Lukasevangelium

Welche Inschrift befand sich auf dem Kreuz Jesu?
  a) das Monogramm XP (Chi Rho)
  b) INRI
  c) die Buchstaben – und Ω

Welches ist kein Sakrament?
  a) Ehe
  b) Beerdigung
  c) Beichte

Welches Gebet gehört nicht zum Rosenkranz?
  a) Herr, erbarme dich
  b) Vaterunser
  c) Ehre sei dem Vater

Was folgt nach der Beichte?
  a) Absolution
  b) Litanei
  c) Homilie

Welcher der folgenden Prominenten war nie Ministrant?
a) Günter Jauch
b) Thomas Gottschalk
c) Joachim Gauck

Kirchenjahr
Minis im Kirchenjahr

Wer hat den Kalender erfunden?

Die beiden bekanntesten Kalendermacher kommen aus Rom: Julius Caesar (100–44 vor Christus), nach dem der Julianische Kalender benannt ist, und Papst Gregor XIII. (1502–1585), der den Gregorianischen Kalender einführte, der heute in den meisten Ländern der Welt gültig ist. Der Julianische Kalender wurde im Jahr 45 vor Christus eingeführt. Er galt im ganzen Römischen Reich und hatte bis 1582 in Europa Gültigkeit. Unsere Monatsnamen richten sich nach diesem Kalender, der Juli ist sogar nach Julius Caesar benannt.

Der Julianische Kalender war eine geniale Einrichtung und ziemlich genau. Alle vier Jahre, in den Schaltjahren, fügte er einen Tag hinzu: den 29. Februar. Im Unterschied zum wirklichen Sonnenjahr war das Jahr nach diesem Kalender nur um 11 Minuten und 14 Sekunden zu lang. Bis ins Jahr 1582, dem Jahr, in dem Gregor seine Reform durchsetzte, hatte sich dieser kleine Fehler allerdings schon auf über zehn Tage summiert. Wenn du Lust hast, rechne es nach: 1627 Jahre mal 11 Minuten und 14 Sekunden.

Warum fehlen im Jahr 1582 fast zwei Wochen?

Nach dem Julianischen Kalender fand Weihnachten viel zu spät statt, und auch die Heiligen hatten ihren Feiertag an der falschen Stelle. Das wollte Papst Gregor XIII. verbessern. Diese Idee hatten vor ihm schon andere, zum Beispiel der berühmte polnische Astronom Nikolaus Kopernikus, aber Gregor hatte als Papst auch die Macht, den Kalender zu ändern. 1579 beauftragte er den deutschen Jesuiten und Mathematiker Christophorus Clavius, sich etwas einfallen zu lassen. Der rechnete einen schönen neuen Kalender aus, nahm dann alle hundert Jahre einen 29. Februar wieder weg und hatte so einen viel genaueren Kalender als der alte Römer Julius Caesar 1500 Jahre vorher.

Nur, was macht man mit den Tagen, die zu viel sind? Ganz einfach: Im Jahr 1582 fielen einfach zehn Tage komplett aus. Wer am Donnerstag, dem 4. Oktober 1582, ins Bett ging, wachte am Freitag, dem 15. Oktober, auf. Das passierte zuerst nur in den katholischen Ländern, die protestantischen und orthodoxen wollten sich schließlich vom Papst ihre Kalender nicht vorschreiben lassen. Doch mit der Zeit setzte sich der Gregorianische Kalender durch. Er war schließlich eine gute Idee und dazu noch genau. Außerdem hörten die Kirchen Gott sei Dank auch langsam wieder auf sich zu streiten. Die orthodoxen Kirchen feiern aber bis heute nach dem Julianischen Kalender ihre Feste. Daher ist Weihnachten in Russland immer noch am 7. Januar.

Worum dreht sich das Kirchenjahr?

Im Kalender des Kirchenjahres dreht sich alles um Christus. Deshalb beginnt das Kirchenjahr mit dem Advent, die Zeit, in der besonders auf das Wiederkommen Jesu gewartet wird. Silvester ist sozusagen schon „mittendrin" im Jahr. Für das Kirchenjahr gibt es zwei besondere Zeiten: den Weihnachtsfestkreis und den Osterfestkreis. Die Zeiten dazwischen werden einfach „Zeit im Jahreskreis" genannt.

Der WEIHNACHTSFESTKREIS beginnt am ersten Adventssonntag und endet mit dem Fest „Taufe des Herrn". Das ist der Sonntag nach dem sechsten Januar. Mittendrin im Weihnachtsfestkreis, das sagt schon der Name, liegt Weihnachten. Nach dem Weihnachtsfestkreis kommt die ERSTE ZEIT IM JAHRESKREIS. Da werden einfach die Sonntage gezählt und heißen einfach „soundsovielter Sonntag im Jahreskreis".

Mit dem Aschermittwoch beginnt der OSTERFESTKREIS, der bis 50 Tage nach Ostern, also bis Pfingstsonntag reicht. Zu ihm gehören die Fastenzeit, die Karwoche, mittendrin das Osterfest und zum Schluss Christi Himmelfahrt und Pfingsten.

Danach beginnt die ZWEITE und längste ZEIT IM JAHRESKREIS.

Mit vielen Festen wie Mariä Aufnahme in den Himmel im August, Allerheiligen und Allerseelen im November. Und natürlich werden auch hier fleißig die Sonntage weitergezählt. Das Kirchenjahr endet mit dem 34. Sonntag, dem Christkönigssonntag. Da feiern wir Christus, den einzig wahren König der Welt. Das Kirchenjahr ist schon eine runde Sache!

Was ist der Weihnachtsfestkreis?

Der Weihnachtsfestkreis hat zwei Teile: Advent und Weihnachtszeit. Das Wort „Advent" kommt vom lateinischen „adventus", was einfach „Ankunft" heißt. Es ist eine Zeit freudiger Erwartung. Die liturgische Farbe im Advent ist Violett, die Farbe der Buße. Buße heißt auch, sich selbst genauer kennenzulernen und sich so zu ändern, dass einiges besser gelingt. Daher passt auch die besondere Einladung alljährlich vor Weihnachten, beichten zu gehen. Dann kann neu „durchgestartet" werden. Der Advent beginnt immer mit dem Sonntag nach dem 26. November. Es gibt ein paar besondere Bräuche, wie den Adventskranz, den Nikolaustag, das Frauentragen oder die Barbarazweige. Jeder Adventssonntag hat sein ganz bestimmtes Thema für die Lesungen. Am 1. Advent beginnt das neue Kirchenjahr, und so geht es um die Wiederkunft Christi. Am 2. und 3. Sonntag spielt Johannes der Täufer eine Hauptrolle. Er bereitet Jesus den Weg, und das sollen wir schließlich auch. Um Maria geht es am 4. Advent. Sie hat zu Gott „Ja" gesagt und Christus geboren. Mit ihrem „Ja" kann es Weihnachten werden.

Weihnachten selbst sind nur drei Tage: Heiligabend und der erste und zweite Weihnachtstag. Die weihnachtliche Festzeit ist offiziell nach dem Tag der Taufe des Herrn beendet – na ja nicht ganz: Vielerorts geht die Weihnachtszeit nach alter Tradition bis zum 2. Februar, dem Fest der Darstellung des Herrn, das auch Mariä Lichtmess heißt. Nach dieser Tradition dauert die Weihnachtszeit 40 Tage.

Wer hat den Advent erfunden?

Erfunden wurde der Advent im 5. Jahrhundert an zwei Orten gleichzeitig: in der italienischen Stadt Ravenna und in der Gegend um Antiochia, das heute in der Türkei liegt. Dort bereiteten sich am Sonntag vor dem Heiligen Abend die Gemeinden mit Fasten und Gebeten auf Weihnachten vor. Das muss Papst Gregor dem Großen so gut gefallen haben, dass er im 6. Jahrhundert zur besonderen Vorbereitung auf das Weihnachtsfest gleich mehrere Wochen als Fastenzeit festlegte. Diese Zeit erhielt den Namen „Advent" und war anfangs sogar eine vierzigtägige Fastenzeit. Sie begann am 11. November, dem Martinsfest, und endete am Heiligen Abend. Erst im Konzil von Trient im Jahr 1570 wurden vier Sonntage, der erste bis vierte Advent, festgeschrieben. Heute ist der Advent der erste Teil des Weihnachtsfestkreises.

Wie kam die Krippe zum Weihnachtsfest?

Natürlich steht die Krippe schon in der Bibel. Aber es dauerte noch über 1200 Jahre, bis der heilige Franziskus eine geniale Idee hatte. Zum Weihnachtsfest 1223 wurde in einer Höhle mitten im Wald bei der italienischen Stadt Greccio das Geschehen von Betlehem nachgestellt. Allerdings nicht mit Puppen oder Figuren, sondern mit lebenden Menschen und Tieren. Ein kleines Baby lag auf Stroh gebettet im Futtertrog. Ochs und Esel standen daneben, ein Paar stand für Maria und Josef. Franziskus soll in dieser Nacht so ergreifend gepredigt haben, dass alle das Weihnachtsgeheimnis verstanden. Den vorwiegend armen Menschen gingen die Augen auf: Jesus ist einer von ihnen. Aus dieser Geschichte entwickelte sich der Brauch, Figuren und Krippen in ganz Europa aufzustellen.

Was hat Martin Luther mit den Geschenken vom Christkind zu tun?

Seit dem Jahr 336 wird in Rom Weihnachten am 25. 12. gefeiert. An diesem Tag gab es aber traditionell keine Geschenke. Die brachte der heilige Nikolaus schon am 6.12. Der Reformator Martin Luther hatte damit ein Problem, denn in der evangelischen Kirche gibt es keine Heiligenverehrung. Also kann Nikolaus auch keine Geschenke bringen. Aber als Vater von sechs Kindern wusste Luther: Ein Fest mit Geschenken einfach so abzuschaffen, bedeutet traurige Kinderaugen. Da hatte er eine Idee. Christus ist ja geboren und ist das größte Geschenk Gottes an uns Menschen. Dann gehören die Geschenke zum Weihnachtsfest, und der „heilige Christ" bringt sie. Daraus wurde bald das Christkind, das die Gaben in die evangelischen Stuben brachte. Nikolaus ging weiter zu den Katholiken. Doch Christkind und Nikolaus scherten sich nicht lange um Konfessionsstreitigkeiten und gingen bald zu allen.

Ist Jesus nicht am 25. Dezember des Jahres Null geboren?

Ganz ehrlich: Wir wissen das genaue Geburtsdatum von Jesus nicht. Das Jahr Null hat es nie gegeben. Denn die römischen Zahlen kennen gar keine Null. Außerdem fängt das Zählen immer mit der Eins an. Und der 25. Dezember ist auch nicht in der Bibel als Geburtstag vermerkt. Trotzdem feiert die Kirche an diesem Tag die Geburt Jesu. Zuerst geschah dies am 6. Januar, dem Fest „Erscheinung des Herrn". Erst im Jahr 354 legte Papst Liberius den Weihnachtstermin auf den 25. Dezember. Nicht etwa, weil er die Geburtsurkunde Jesu aus dem Standesamt in Betlehem gefunden hatte, sondern aus einem ganz symbolträchtigen Grund. Im Römischen Reich war der 25. Dezember der Tag des „unbesiegbaren Sonnengottes". Ab diesem Tag scheint die Sonne wieder jeden Tag ein bisschen länger. Und wenn Christus das Licht der Welt ist, wäre es doch das Beste, wenn die Feier seiner Geburt dieses „Hineinkommen des Lichtes in die Welt" auch zeigt.

Was haben die Buchstaben CMB mit den Heiligen Drei Königen zu tun?

Das Fest entstand im 3. Jahrhundert im Oströmischen Reich. Eigentlich heißt dieser Tag nicht Dreikönigstag, sondern „Erscheinung des Herrn" und meint: Jesus ist heute auf dieser Welt erschienen. Es ist das oströmische Weihnachtsfest, das bis heute auch in der orthodoxen Kirche an diesem Tag gefeiert wird. Schließlich kennt niemand das genaue Datum von Jesu Geburt. Bei uns heißt der 6. Januar trotzdem „Dreikönigstag". Dabei steht von drei heiligen Königen nichts in der Bibel. Da ist nur von weisen Männern aus dem Morgenland die Rede, die dem Stern zur Krippe folgen.

Wenn es bei uns klingelt, stehen vielleicht die Sternsinger vor der Tür, um Geld für Menschen in Not zu sammeln. Das Sternsingen erfand im Jahr 1946 der slowenische Salesianerpater Janez Rovan. Nach den Schrecken des Zweiten Weltkrieges wollte er mit Kindern Licht und Hilfe in die trostlose Welt bringen. Seit 1958 ziehen die Sternsinger auch durch Deutschland. Mittlerweile ist es die größte Spendenaktion der Welt! Viele Kinder, auch viele Ministranten, machen dabei mit. Sie ziehen verkleidet als Könige von Haus zu Haus, singen und sammeln für Kinder in der Welt. Oft segnen sie die Häuser. Dabei schreiben sie C+M+B und die Jahreszahl mit Kreide über die Tür und segnen mit Weihwasser. CMB heißt „Christus mansionem benedicat" und ist lateinisch. Mansio ist das Haus und benedicere heißt segnen. Also „Christus segne dieses Haus."

Was ist der Osterfestkreis und wann beginnt er?

Willkommen in der zweitlängsten Zeit des Kirchenjahres, dem Osterfestkreis. Hier ist der Dreh- und Angelpunkt das Osterfest, die Feier der Auferstehung Jesu. Diese Zeit besteht aus mehreren kleinen und großen Etappen.

1. Etappe: Nach den Faschingsfeiern beginnt mit dem Aschermittwoch die Fastenzeit. Das ist eine Zeit der Besinnung und eine Zeit zum Freiwerden. 40 Tage ist sie lang, nur die Sonntage zählen nicht so richtig dazu, weil wir am Sonntag immer auch Ostern feiern.

2. Etappe: Es ist immer noch Fastenzeit, aber die letzte Woche ist eine besondere. Sie heißt in deutschsprachigen Ländern Karwoche und dauert vom Palmsonntag bis zum Karsamstag. »Kara« ist ein altdeutsches Wort, das „Klage" oder „Trauer" bedeutet. In anderen Ländern wird diese Woche meist „heilige Woche" genannt. Wir erinnern uns an die letzten Tage Jesu und an seinen Tod. Es sind Tage, an denen wir merken, dass Tod und Sterben zum Leben dazugehören.

3. Etappe: Ostern – Wir feiern Jesu Auferstehung und seinen Sieg über den Tod. Wir hören von seinen gläubigen, ungläubigen und verwunderten Jüngern. 50 Tage lang dauert die Osterzeit. Jetzt dürfen wir glauben, dass der Tod kein Schlusspunkt ist. Der Tod ist der Eintritt in ein neues Leben, wenn wir unser Leben auf der Erde bewältigt haben.

4. Etappe: Sie gehört noch zu Ostern, aber die letzten Tage von Himmelfahrt bis Pfingsten sind wieder etwas Besonderes. Jesus fährt in den Himmel auf, und der Geist Gottes kommt auf die Jünger herab. Aus den verwunderten Jüngern, die Jesus nicht mehr sehen, werden begeisterte Glaubenszeugen, die in die Welt ziehen und die Auferstehung verkünden.

Wieso sind die Karwoche und Ostern der Höhepunkt des Kirchenjahres?

Als Jesus auf einem Esel in Jerusalem einzog, jubelten ihm die Menschen mit Palmzweigen zu. Viele hielten ihn für einen Wundertäter, manche für den Messias oder einen Propheten. Begeistert riefen sie: „Hosanna dem Sohne Davids", während die Römer misstrauisch nach ihm schauten. Nichts konnten sie weniger gebrauchen als einen Unruhestifter. Mit der Erinnerung an diesen grandiosen Einzug beginnt die Karwoche. Der Palmsonntagsgottesdienst setzt mit der Palmweihe und einer Prozession ein. Am Ende der Fastenzeit bricht Freude aus. Doch die währt nur kurz. Im gleichen Gottesdienst wird aus dem Evangelium gelesen, wie es weitergeht: mit der Passion Jesu, also seinem Leiden und Sterben am Kreuz.

Am Karfreitag hören wir die Passion wieder. Es ist ein ganz anderer Tag als der frohe Palmsonntag; es ist ein Tag der Trauer. Doch diese Trauer ist nicht der Schlusspunkt, denn das wichtigste Fest der Christen beginnt genau dort, wo alles scheinbar zu Ende ist. Der Tod hat nicht das letzte Wort. Christus steht von den Toten auf, und wir feiern Ostern!

Zu Ostern feiern wir, was wir glauben: dass der Tod kein Schlusspunkt ist. Auf den schrecklichen Tod Jesu am Kreuz folgt die Auferstehung von den Toten, auf Karfreitag folgt Ostern. Dieser Glaube verlangt uns einiges ab. Wie können wir denjenigen vertrauen, die uns von Jesu Auferstehung berichten? Wie soll das überhaupt gehen, ein Leben nach dem Tod? Schön wäre ein schlüssiger Beweis. Aber den gibt es nicht. Wir können nur darauf vertrauen, dass die Jünger sich nicht getäuscht haben. Sie waren sich sehr sicher, denn immerhin waren sie bereit, für ihren Glauben ihr Leben einzusetzen. Der Osterglaube fordert uns heraus – ein ganzes Leben lang.

Was denn nun – Christi Himmelfahrt oder Männertag?

Bis ins 4. Jahrhundert gab es dieses Fest gar nicht. Himmelfahrt wurde zusammen mit Pfingsten gefeiert. Aber eigentlich sind das zwei verschiedene Feiern mit zwei unterschiedlichen Richtungen: einmal von der Erde in den Himmel, zu Pfingsten vom Himmel auf die Erde. Also wurde entschieden: vierzig Tage nach Ostern ist Himmelfahrt. Das Datum variiert von Jahr zu Jahr, sicher ist aber, dass es ein Donnerstag ist. Wir feiern an diesem Tag, dass Jesus leibhaftig in den Himmel aufgenommen wurde. Wie das geschah, wissen wir nicht, auch wenn es sehr schöne Bilder davon gibt. Am gleichen Tag wird der Vatertag gefeiert, manchmal auch Männertag genannt. In vielen Gemeinden marschieren die Männer nach dem Gottesdienst mit Handwagen, Gitarre und Hüten los und kommen am Abend müde und fröhlich zurück. Nicht alle Bräuche dieses Tages sind nachahmenswert.

Warum wird Pfingsten 50 Tage nach Ostern gefeiert?

„Pentekost", das Wort von dem sich Pfingsten ableitet, ist einfach das griechische Wort für „Fünfzig". Fünfzig Tage nach Ostern wird dieses Fest gefeiert. Und im Unterschied zur Fastenzeit zählen die Sonntage mit. Die Juden feiern 50 Tage nach dem Passah das Wochenfest Schawuot. Das werden die Jünger auch gemacht haben, als sie nach dem Passahfest, vor dem Jesu starb, in Jerusalem beisammen saßen. Jesus hatte sich ihnen nach Ostern als der Auferstandene gezeigt und war in den Himmel aufgefahren. Wahrscheinlich wussten an dieser Stelle die Jünger nicht so recht, was sie weiter machen sollten. Also feierten sie bei verschlossenen Türen das Fest ihrer jüdischen Tradition. Dahinein platzte der Heilige Geist. Feurige Zungen kamen vom Himmel und die Apostel, allen voran Petrus, konnten auf einmal so reden, dass alle sie verstanden. Sogar Menschen anderer Sprachen und aus anderen Ländern. Von dieser Begeisterung ließen sich viele mitreißen und an Ort und Stelle taufen. Das erste Pfingstfest ist der Geburtstag der Kirche. Und von Anfang an ist die Kirche international.

Was kommt nach dem Osterfestkreis?

Nach Pfingsten beginnt die zweite und längste Zeit im Jahreskreis. Auch die Sonntage werden wieder nummeriert. In diese Zeit fallen viele Feste und Gedenktage. Im Unterschied zu den Festen, die sich mit dem Leben, Sterben und Auferstehung Jesu befassen, mit seiner Biografie sozusagen, gibt es nun „Ideenfeste", die theologische Aussagen über Jesus feiern. Dazu gehören zum Beispiel der Dreifaltigkeitssonntag, Fronleichnam oder Christkönig. Am Samstag nach dem Christkönigsfest im November endet der Jahreskreis, und ein neues Kirchenjahr beginnt. Auch der Gottesmutter Maria sind zwei Monate gewidmet, der Mai und der Oktober.

Wer ist die heilige Trinitatis?

a) eine heilige Märtyrerin aus dem 3. Jahrhundert
b) die Patronin der Kirchenmusik
c) die heilige Dreifaltigkeit (Vater, Sohn und Heiliger Geist)

Du kannst ruhig mal Erwachsene fragen, ob sie wissen, dass mit der heiligen Trinitatis die Dreifaltigkeit gemeint ist. Manche werden da ganz schön staunen. Jedenfalls ist der erste Sonntag nach Pfingsten der Dreifaltigkeitssonntag. Aber was ist damit überhaupt gemeint? Gibt es nun nur einen Gott oder drei? Trinitatis, also Dreifaltigkeit, heißt: Gott ist einer und zugleich drei: Vater, Sohn und Heiliger Geist. Dieser Gedanke ist nicht ganz leicht. Gott Vater hat die Welt geschaffen, Jesus, sein Sohn, hat die Welt erlöst, und der Heilige Geist erfüllt die Welt. Und trotzdem ist es nur ein Gott. Manchmal verlangt uns der Glaube einiges ab.

Was bedeutet das Fest Fronleichnam?

Am zweiten Donnerstag nach Pfingsten findet dieses Fest statt. Es wird in vielen Gemeinden am darauf folgenden Sonntag gefeiert. Der eigenartige Name meint etwas sehr lebendiges: den „Leib des Herrn". „Fron" heißt „Herr" und „liknam" „Leib". Es kommt aus der altdeutschen Sprache und bis heute kann es eine knifflige Frage an Erwachsene sein, was dieses Fest heißt. Gefeiert wird das Sakrament der Eucharistie. Also dass Gott sich uns auch im heiligen Brot zeigt und zu uns kommt. Mit dem heiligen Brot in einer Monstranz wird in einer Prozession durch den Ort gezogen. Es ist ein schönes Zeichen dafür, dass Gott mit seinem Volk unterwegs ist und ihm auf allen Wegen Kraft gibt.

Was ist der Unterschied zwischen Allerheiligen, Allerseelen und Halloween?

Bevor die Heiligen kommen, werden vor allem in englischsprachigen Ländern noch mal die bösen Geister losgelassen. Halloween ist ein eigentümlicher Brauch, bei dem Kinder durch die Straßen ziehen und unter Androhung von Schabernack singenderweise Süßigkeiten erpressen. Das ganze sollte man nicht allzu ernst nehmen.

Einen Tag später haben diese Geister nichts mehr zu melden. Schließlich ist dann Allerheiligen. Allerheiligen ist ein Sammelfest. Das heißt, es wird an alle Heiligen und Märtyrer erinnert. Entstanden ist es in Irland im 8./9. Jahrhundert. Der 1. November ist hier Winterbeginn und zugleich Jahresanfang. Mit dem Blick auf die sterbende Natur wird dahinter die ewige Welt der Heiligen sichtbar. Durch die irisch-schottischen Missionare gelangte das Allerheiligenfest schon im ersten Jahrtausend zu uns.

Zu Allerseelen, am 2. November, wird an die Verstorbenen gedacht. An alle, denn auch Allerseelen ist ein Sammelfest. Dabei werden am Nachmittag von Allerheiligen die Gräber mit Grün und Blumen geschmückt und ein ewiges Licht aufgestellt. An dem Tag selbst gehen die Angehörigen auf den Friedhof, um für die Verstorbenen zu beten.

Was wird am Christkönigssonntag gefeiert?

Es ist der letzte Sonntag des Kirchenjahres. Wir feiern Christus, der für alle Menschen und durch alle Zeiten hindurch der höchste Herr ist. Schon Pilatus hatte Jesus gefragt: Bist du denn ein König? Jesus beantwortet die Frage mit Ja. Trotzdem hat er mit anderen Königen nicht sehr viel gemein. Er bereichert sich nicht, führt keine Soldaten zu seinem Schutz mit sich und ist bereit, für die Menschen zu sterben.
Das Fest gibt es erst seit 1925. Das war eine Zeit, in der viele alte Königreiche zerfielen. Christus dagegen, der einzig wahre König bleibt. Anlass war die Erinnerung an das erste Konzil von Nizäa im Jahr 325. Zu diesem Konzil hatte der römische Kaiser Konstantin eingeladen. Auf diesem Konzil entstand das große Glaubensbekenntnis (Credo), das wir heute noch beten. Dabei wird ausgedrückt, was wir glauben und wer Jesus ist. Zuerst wurde das Fest im Oktober gefeiert. Als im Zweiten Vatikanischen Konzil die Liturgie verändert wurde, rutschte es auf den letzten Sonntag des Jahres. Das war eine gute Idee. Da Christus der Zielpunkt unseres Lebens ist, ist das Christkönigsfest ein schöner Abschluss für das Kirchenjahr.

Kirchenjahres-Quiz

Welche liturgische Farbe kann nur an zwei Sonntagen im Jahr verwendet werden?
- a) Blau
- b) Gold
- c) Rosa

Was haben Himmelfahrt, Weihnachten und Christkönig gemeinsam?
- a) alle drei Feste sind Gedenktage
- b) an allen drei Festen wird die liturgische Farbe weiß getragen
- c) alle drei Feste sind Hochfeste

In welchem Gottesdienst liegen die Ministranten auf dem Boden?
- a) Karfreitag
- b) Weihnachten
- c) Allerseelen

Was verwendet der Priester beim Blasius-Segen?
- a) Weihwasser
- b) zwei Kerzen
- c) ein Kreuz

Füllrätsel

Wenn du die gesuchten Begriffe richtig eingetragen hast, ergeben die markierten Buchstaben den Sonntag, an dem ein Esel im Evangelium eine wichtige Rolle spielt.

1. Das Fest wird am 50. Tag nach Ostern gefeiert.
2. Der einzige Tag, an dem in der katholischen Kirche keine hl. Messe gefeiert wird.
3. An diesem Fest wird die Monstranz feierlich durch die Straßen getragen.
4. Mit diesem Tag beginnt die Fastenzeit
5. An diesem Fest feiern wir die Auferstehung Jesu
6. Der Tag im Kirchenjahr, in dem eine Farbe enthalten ist
7. So heißen die Kinder, die als Könige unterwegs sind.
8. Die 4 Wochen vor Weihnachten.
9. Man feiert ihn am 11.11.
10. Bei diesem Fest danken wir für unsere Lebensmittel
11. Für uns Christen ist es der erste Tag der Woche.

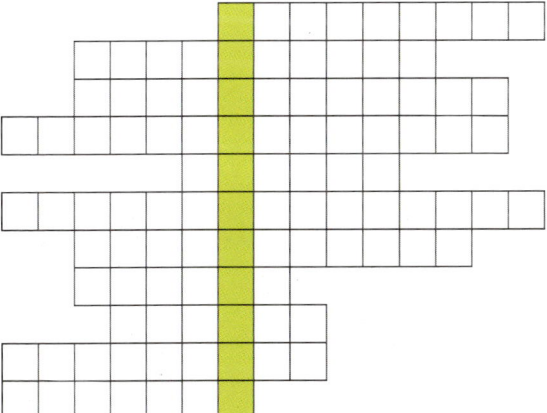

Warum gibt es Heiligengedenktage?

Jeden Tag findest du Heilige, deren Gedenktag gefeiert wird. Heilige sind Menschen, die etwas Besonderes aus ihrem Glauben heraus getan haben, sodass sie ganz nah bei Gott sind. Manche von ihnen wurden wegen ihres Glaubens umgebracht. Das sind die Märtyrer. Einige sind Ordensgründer, wie Franziskus, und Menschen, die viel Gutes taten, wie die heilige Elisabeth. Heilige sind Menschen aller Hautfarben und von allen Kontinenten. Die wichtigste Heilige ist mit Sicherheit Maria, die Mutter Jesu. Deswegen sind ihr sogar mehrere große Feste und mit Mai und Oktober zwei Monate gewidmet. Heilige werden natürlich nicht angebetet, denn das Gebet ist das Gespräch mit Gott. Aber wenn die Heiligen Gott besonders nahestehen, können wir sie bitten, ab und an ein gutes Wort für uns bei ihm einzulegen.

Was hat der hl. Blasius mit einer Fischgräte zu tun?

Vor langer Zeit, im 3./4. Jahrhundert, lebte Blasius als Arzt in der armenischen Stadt Sebaste. Die gehörte zum Römischen Reich. Er soll ein einfühlsamer und sehr toleranter Mensch gewesen sein, der allen half, egal ob Christ oder nicht, schwarz oder weiß, arm oder reich. Eines Tages wählten ihn die Leute zu ihrem Bischof. Das Christentum war damals im Römischen Reich verboten. Blasius versteckte sich, wurde aber entdeckt und ins Gefängnis geworfen. Dort rettete er einen Jungen, der eine Fischgräte verschluckt hatte, vor dem Ersticken. Weil er sich weigerte, seinem Glauben an Gott abzuschwören, wurde Blasius gefoltert und ermordet. Bevor er starb, betete er darum, dass alle Menschen, die Halskrankheiten haben und Gott in seinem Namen um Heilung bitten, Gehör fänden. So wird an seinem Namenstag, dem 3. Februar, der Blasiussegen gespendet. Der Priester oder Diakon kreuzt zwei Kerzen und spricht: „Auf die Fürsprache des heiligen Blasius bewahre dich der Herr vor Halskrankheit und allem Bösen. Es segne dich Gott, der Vater und der Sohn und der Heilige Geist. Amen."

Haben die Blumenhändler den Valentinstag erfunden?

Das wird von manchen behauptet, ist aber sicher falsch. Vermutlich ist der römische Bischof und Märtyrer Valentin, der im 3. Jahrhundert in Terni lebte, der Namensgeber. Der Legende nach soll er Verliebte verheiratet haben, auch wenn sie es offiziell nicht durften. Zur Strafe wurde er enthauptet. Sein Fest wird am 14. Februar gefeiert. Früher glaubte man, dass sich an diesem Tage die Vögel zu paaren beginnen. Warum also nicht auch an die verliebten Menschen denken? Richtig populär wurde das Fest in Amerika, wo Verliebte sich an diesem Tag etwas schenken. Und so kam es nach Europa zurück – sicher auch zur Freude der Blumenhändler.

Warum werden Peter und Paul an einem Tag gefeiert?

Schön, dass beide oft gemeinsam auftreten, denn eigentlich haben sie auf den ersten Blick gar nicht so viel gemein: Petrus war ein Fischer, den Jesus zu seinem ersten Jünger berief. Paulus dagegen ist dem Menschen Jesus nie begegnet. Er war ein gebildeter jüdischer Theologe und verfolgte unter dem Namen Saulus die ersten Christen. Später als Christ verkündete Paulus die frohe Botschaft in vielen Ländern des Römischen Reiches. Petrus blieb in Jerusalem. Beide stritten sich sogar, was in der Apostelgeschichte nachzulesen ist. Vermutlich sind beide in Rom hingerichtet worden. Dass diese unterschiedlichen und streitbaren Heiligen gemeinsam ihren Festtag haben, passt zu unserer Kirche. Denn sie zeigen, dass Kirche überhaupt nicht einseitig ist, sondern auch unterschiedliche Meinungen verträgt.

Warum gibt es am 11.11. Gänse zu essen?

Es ist der wohl ökumenischste Heiligenfeiertag, der sich zur Zeit denken lässt. Jahr für Jahr wird in schöner Gemeinsamkeit vielerorts ein Martinsumzug gestaltet.
Der erste Grund ist der heilige Martin von Tours, der mit einem frierenden Armen seinen Mantel teilte. Als das Volk ihn zum Bischof wählte, versteckte er sich in einem Gänsestall. Denn er hatte keine Lust, Bischof zu werden. Daraufhin fingen die Gänse so laut zu schnattern an, dass er schnell gefunden wurde und dann doch ein beeindruckender Bischof seiner Zeit wurde.

Der zweite Grund ist Martin Luther. Der Tauftag des großen Reformators war der 11.11., ein Tag nach seiner Geburt. Da der heilige Martin an diesem Tag Namenstag hat, nannten Luthers Eltern ihren Sohn Martin. Also wird auch er an diesem Tag gefeiert.
Drittens beginnt die närrische Zeit um 11.11 Uhr am 11.11. Bloß warum? Die frühe Kirche kannte zwei Fastenzeiten. Von Aschermittwoch bis Ostern und – heute fast vergessen – vom Martinstag bis Weihnachten. Bevor gefastet wurde, konnte man noch mal richtig feiern. Dazu gab es Martinsgänse als Festschmaus.

Buchstabenrätsel

Die alphabetisch sortierten Buchstaben sind so zu bekannten Heiligen des Kirchenjahres zu ordnen, dass die markierten Felder den Namen eines Feiertages ergeben.

AAABBRR
ALPSUU
AIKLNOSU
EGGOR
EPRSTU
AEHJNNOS
ACEHILM
AIMNRT
ABEEHILST
ABILSSU
ABEGILR
CEHILMOR
AFIKNRSSUZ

Lösungen

Seite 28 Eine fehlerhafte Messe

1. Der Friede des Herrn sei allezeit mit euch. – Und mit deinem Geiste.
2. Herr, erbarme dich. Christus, erbarme dich. Herr, erbarme dich.
3. Gebt einander ein Zeichen des Friedens.
4. Wir bitten dich, erhöre uns.
5. Heilig, heilig, heilig Gott, Herr aller Mächte und Gewalten …
6. Deinen Tod, o Herr, verkünden wir, und deine Auferstehung preisen wir, bis du kommst in Herrlichkeit.
7. Lamm Gottes, du nimmst hinweg die Sünde der Welt.
8. Herr, ich bin nicht würdig, dass du eingehst unter mein Dach, aber sprich nur ein Wort, so wird meine Seele gesund.
9. Gehet hin in Frieden. – Dank sei Gott, dem Herrn.
10. Erhebet die Herzen. – Wir haben sie beim Herrn.
11. Ich bekenne Gott, dem Allmächtigen, und allen Brüdern und Schwestern, dass ich Gutes unterlassen und Böses getan habe.
12. Nehmet und esset alle davon: Das ist mein Leib, der für euch hingegeben wird.
13. Vater unser im Himmel, geheiligt werde dein Name …

Seite 30 Liturgie-Quiz

Aus welchen Zutaten dürfen Hostien nur bestehen?
a) Wasser, Mehl

Was versteht man unter dem „Exsulet"?
b) Osterlob. Exsultet ist Latein, heißt auf deutsch „es jauchze" und ist das gesungene Osterlob am Beginn der Osternacht. In ihm wird Christus als das Licht der Welt gepriesen.

Welche Sprache war vor dem Zweiten Vatikanischen Konzil in der Liturgie vorherrschend?
c) Latein

Was für ein Tag ist der 15. August?
a) Gedenktag des hl. Tarcisius, dem Patron der Ministranten und das
b) Hochfest der Aufnahme Mariens in den Himmel

Wie wird die Hl. Messe noch genannt?
a) Eucharistie (griechisch für Danksagung)
b) Mahl des Herrn
c) Gedächtnis des Leidens und der Auferstehung des Herrn

Wo kann man nachschlagen, welche liturgischen Texte an der Reihe sind?
c) Direktorium. Das Buch, in dem steht, wo es liturgisch langgeht.

Wann wird während der Messe geläutet?
b) Wandlung

Welche Handlung kommt im Gottesdienstablauf zuerst?
c) Halten des Buches beim Tagesgebet

Seite 39 Kirchenmusik-Quiz

Wie heißt der Film, in dem eine Nonne den Chor eines Klosters aufmischt?
b) Sister Act, und die Nonne spielt die schwarze Schauspielerin Whoopie Goldberg

Wo wurden die ersten Orgeln gespielt?
b) im römischen Zirkus

Wie heißt die Heilige der Kirchenmusik?
a) Cäcilia (römische Märtyrerin, lebte ca. 200-230)

Seite 58 Buchstabengitter

J	F	L	I	R	B	A	U	P	O
E	G	N	K	O	H	E	L	E	T
S	A	M	U	E	L	M	U	R	O
A	S	W	K	P	Q	E	K	D	B
J	C	N	G	H	A	P	A	J	I
A	G	E	N	E	S	I	S	X	T
E	I	H	L	S	O	W	E	Z	G
F	J	E	R	E	M	I	A	T	L
U	H	M	P	R	O	F	R	E	B
O	R	I	L	Z	W	A	L	A	G
P	S	A	L	M	E	N	P	S	D

Seite 59 Glaubenswissens-Quiz

In welchem Evangelium wird nicht von der Geburt Jesu erzählt?
b) Markusevangelium

Welche Inschrift befand sich auf dem Kreuz Jesu?
b) INRI sind die Initialen für den lateinischen Satz „Iesus Nazarenus Rex Iudaeorum" – „Jesus von Nazaret, König der Juden"

Welches ist kein Sakrament?
b) Beerdigung. Die Krankensalbung, manchmal auch noch letzte Ölung genannt, ist dagegen eines.

Welches Gebet gehört nicht zum Rosenkranz?
a) Herr, erbarme dich

Was folgt nach der Beichte?
a) Absolution, die Vergebung der Sünden

Welcher der folgenden Prominenten war nie Ministrant?
c) Joachim Gauck, der Bundespräsident, denn er ist evangelischer Christ

Seite 82 Kirchenjahres-Quiz

Welche liturgische Farbe kann nur an zwei Sonntagen im Jahr verwendet werden?
c) Rosa, und zwar an den Sonntagen „Laetare" und „Gaudete", jeweils in der Mitte des Advents und der Fastenzeit. Da darf man sich freuen, dass schon die Hälfte rum ist. Nein, im Ernst: weil die Erlösung naht.

Was haben Himmelfahrt, Weihnachten und Christkönig gemeinsam?
b) an allen drei Festen wird die liturgische Farbe weiß getragen.
c) alle drei Feste sind Hochfeste

In welchem Gottesdienst liegen die Ministranten auf dem Boden?
a) Karfreitag. Das ist von Ort zu Ort verschieden, meist liegen nur die Priester als Zeichen für den Tod Jesu.

Was verwendet der Priester beim Blasius-Segen?
b) zwei Kerzen

Seite 29 Füllrätsel

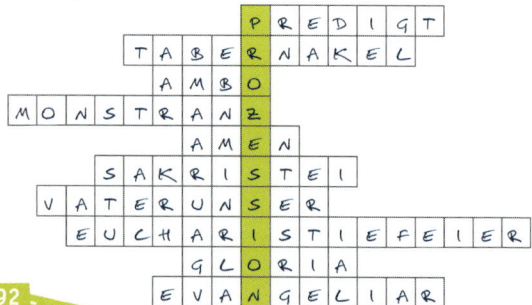

Seite 83 **Füllrätsel**

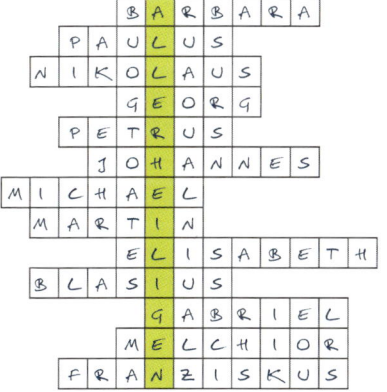

Seite 89 **Buchstabenrätsel**

Quellenverzeichnis

S. 5, 6/7: © robcsworld/Fotolia
S. 5, 16/17: © KNA-Bild
S. 5, 40/41: © picture alliance/dpa
S. 5, 60/61: © KNA-Bild
S. 8: © Alexey Klementiev/Fotolia
S. 11: © Kolossos/Wikimedia
S. 12: © picture-alliance/dpa
S. 13: © KNA-Bild
S. 14: © KNA-Bild
S. 19: © kathbild/Franz Josef Rupprecht
S. 20: © Rafael Ledschbor/Ralbitz
S. 21: © Gerhard Seybert/Fotolia
S. 23: © kathbild/Franz Josef Rupprecht
S. 24: © KNA-Bild
S. 25: © by-studio/Fotolia
S. 27: © Unclesam/Fotolia
S. 32: © aspiretoinspire/Fotolia
S. 33: © Konstantin Tavrov/Fotolia
S. 34: © Swellphotography/Fotolia
S. 35: © PicciaNeri/Fotolia
S. 36: © chris74/Fotolia
S. 37: © kathbild/Franz Josef Rupprecht
S. 39: picture-alliance/ ZB © dpa-Report
S. 43: © razihusin/Fotolia
S. 44/45: © bluefeeling/Pixelio
S. 45: © Heiko Han/Fotolia
S. 46: © meltis/Pixelio
S. 47: picture-alliance © dpa-Report
S. 48: © Stephanie Hofschlaeger/Pixelio
S. 49: © cirquedesprit/Fotolia
S. 50: © Gerd Altmann/Pixelio
S. 51: © genotar1/Fotolia
S. 52: © djama/Fotolia
S. 53: © momius/Fotolia
S. 54: © contrastwerkstatt/Fotolia
S. 56: © Jens Heyer/Fotolia
S. 57: © mythja/Fotolia
S. 62/63: © Bernd von Dahlen/Pixelio
S. 64/65: © noomhh/Fotolia
S. 66: © ChaotiC_PhotographY/Fotolia
S. 67: © Gabi-Schoenemann/Pixelio
S. 68: © KNA-Bild
S. 69: © Michael Ballard/Fotolia
S. 70: © Dieter-Poschmann/Pixelio
S. 71: © KNA-Bild
S. 72/73: © kerenby/Fotolia
S. 74: © annalovisa/Fotolia
S. 75: © Kunstzirkus/Pixelio
S. 76: © Markus Bormann/Fotolia
S. 77: © picfabrik/Fotolia
S. 79: © KNA-Bild
S. 80: © Sonja Birkelbach/Fotolia
S. 81: © Scanrail/Fotolia
S. 84/85: © Doreen Salcher/Fotolia
S. 86: © S-Hofschlaeger/Pixelio
S. 87: © Gryffindor/Wikimedia
S. 88: © axepe/Fotolia